Clive Whichelow
Großeltern für Anfänger

Clive Whichelow

Großeltern
für Anfänger

Übersetzung aus dem Englischen
von Edith Beleites

Lübbe

Titel der englischen Originalausgabe:
»Grandparenting For Beginners«

Für die Originalausgabe:
Copyright © 2015 by Clive Whichelow
Illustrations Copyright © by Ian Baker
Published by arrangement with Summersdale Publishers Ltd., UK

Für die deutschsprachige Ausgabe:
Copyright © 2018 by Bastei Lübbe AG,
Schanzenstraße 6 – 20, 51063 Köln, Deutschland
Bei Fragen zur Produktsicherheit wenden Sie sich bitte an:
produktsicherheit@bastei-luebbe.de

Textredaktion: Stefan Lutterbüse
Umschlaggestaltung: Guter Punkt, München | www.guter-punkt.de
Einband-/Umschlagmotiv: Klaus Puth, Mühlheim am Main
Satz: two-up, Düsseldorf
Gesetzt aus der Arno
Druck und Einband: GGP Media GmbH, Pößneck

Printed in Germany
ISBN 978-3-431-04106-4

9 10 8

Sie finden uns im Internet unter: luebbe.de
Bitte beachten Sie auch: lesejury.de

VORWORT

Es wimmelt von Ratgebern für werdende Eltern, aber was ist eigentlich mit werdenden Großeltern? Sie bekommen so gut wie keine Hilfe – dabei brauchen gerade sie welche!

Kaum stehen die Kinder auf eigenen Füßen und man hat es sich zu Hause richtig gemütlich gemacht, da schwant einem, dass es mit der himmlischen Ruhe bald vorbei sein könnte. Es wäre einfach zu schön, um wahr zu sein. Und tatsächlich wird von Ruhe und Frieden schon bald keine Rede mehr sein.

Das Problem ist nur, dass Sie inzwischen alles vergessen haben, was Sie über Babys wussten. Vielleicht ist es erst zwanzig, dreißig Jahre her, dass Sie welche hatten, aber heute sind sie genauso fremd wie mongolische Yaks. Wenn Sie die Wahl hätten, würden Sie vielleicht sogar lieber einen Yak hüten, denn den könnten Sie wenigstens im Garten übernachten lassen.

Es käme nicht gut an, würden Sie das mit Ihren Enkeln tun, egal wie viel Krach sie machen. Das Jugendamt würde schneller bei Ihnen vor der Tür stehen, als Sie »wunder Po« sagen können.

Oh ja, die Welt hat sich verändert, seit Ihre Kinder klein waren. Heute müssen Sie die Gute Nacht Geschichten womöglich aus einem e-Book vorlesen, Strampelhöschen in einem Designershop kaufen und nach Grönland reisen, um den Enkeln den Weihnachtsmann zu zeigen, der früher im Kaufhaus um die Ecke residierte. Ganz zu schweigen von Lebensmittelallergien, politisch korrekten Krippenspielen, genderneutralem Verhalten auf dem Spielplatz und dem Wettbewerb um die coolste Location für Kindergeburtstage …

Willkommen im 21. Jahrhundert, liebe Großeltern!

DAS WICHTIGSTE ZUERST

Babys haben ein Oben und ein Unten.

Essen führt man oben ein,
unten kommt es wieder heraus.

Behalten Sie beide Öffnungen im Blick!

Ende Lektion 1

IHRE WICHTIGSTEN AUFGABEN ALS GROSSELTERN

Verwöhnen, verwöhnen und noch mal verwöhnen

Alles erlauben, was man den eigenen Kindern
(also den jetzigen Eltern) verboten hat

Das Leben in vollen Zügen genießen –
genau wie die Enkel

Alle Macht haben, aber keine
Verantwortung übernehmen.
Was ist so schlimm an einer »Fünf« im Zeugnis?

WAS HAT SICH GEÄNDERT, SEIT SIE ELTERN WAREN?

Alles

Es ist egal, dass Sie
alles über Erziehung vergessen haben.
Heute geht ohnehin alles anders.

Auch wenn Sie absolut keine Ahnung haben,
was Sie da tun – tun Sie es einfach.
Die Eltern machen's ganz genauso.

Viel Glück dabei!

WIE VIEL ZEIT MÜSSEN SIE EINPLANEN?

Von einem älteren Menschen zu erwarten, dass er
24 Stunden am Tag einsatzbereit ist, wäre gaga.
Da können Sie mal sehen, wie gaga Ihre Kinder sind!

Wenn die lieben Kleinen in der Kita oder Schule sind,
haben Sie frei – es sei denn, dort findet wieder mal
eine Theatervorführung, ein Konzert, ein Sportwettbewerb
oder ein anderes Event statt, wo Sie zum Applaudieren
gebraucht werden.

WAS SIE TUN /
LASSEN SOLLTEN

TUN
Ruhig mal eine Aufforderung zum
Babysitting ablehnen

↗↙

LASSEN
Ihre Tür verbarrikadieren oder
von bewaffneten Milizen bewachen lassen

TUN
Die Eltern anrufen,
wenn Sie nicht ganz sicher sind

LASSEN
Die Eltern anrufen, um zu fragen,
wie viele Kinder sie bei Ihnen abgegeben haben

TUN
Den Eltern gut zureden,
wenn nötig

LASSEN
Den Eltern ständig reinreden

IST ES ERMÜDEND?

Aber sicher doch! Deswegen kommen Großeltern meist
im Doppelpack. So kann einer von beiden immer mal
ein Nickerchen machen.

»Ermüdend« ist untertrieben. Es macht Sie fertig,
laugt Sie aus, bringt Sie an den Rand der Erschöpfung –
und zwar binnen Kürzestem.

Aber sowie die Enkel abgeholt worden sind und Ihre bessere
Hälfte mit letzter Kraft »Ein Gläschen Wein?« murmelt,
kehren Ihre Lebensgeister zurück.

MUSS ICH DAS HAUS KINDERSICHER MACHEN?

Ein Schloss vor der Hausbar ist ratsam – allein schon, damit Ihre bessere Hälfte nicht in Versuchung kommt.

Richten Sie eine ruhige, gemütliche Ecke ein und verziehen Sie sich dahin so oft wie möglich.

Werfen Sie die Bedienungsanleitungen für technische Geräte wie Fernseher und Computer weg. Sobald Ihr Enkel ein halbes Jahr alt ist, wird er Ihnen zeigen, wie die verfluchten Dinger funktionieren.

WEISS ICH NOCH, WIE MAN MIT KINDERN UMGEHT?

Nein. Diesen Wissensspeicher haben Sie in dem
Moment gelöscht, als Sie beschlossen,
keine weiteren Kinder zu bekommen.

Die jungen Eltern brauchen Sie auch nicht zu fragen,
denn die haben noch weniger Ahnung als Sie.

WIE WERDEN
IHRE ENKEL SIE
ANREDEN?

Als Babys werden sie »gugu« oder »glmf« zu Ihnen sagen.

Als Kinder sagen sie Oma/i, Opa/i,
Großmama/Großpapa o.ä.

Als Teenager ... Seien Sie froh, wenn sie dann
überhaupt noch mit Ihnen sprechen.

NACH WELCHEN EREIGNISSEN DIE ENKEL GERN FRAGEN

Wie die Titanic versank

Wie Kaiser Wilhelm auf die Jagd ging

Wie die Germanen die Römer geschlagen haben

Wie die Dinosaurier in echt aussahen

SIND SIE GUTE
ODER
SCHLECHTE GROSSELTERN?

GUT
Sie spielen Verstecken mit den Enkeln.

↗↙

SCHLECHT
Sie finden sie beim Versteckspielen grundsätzlich erst,
kurz bevor sie wieder abgeholt werden.

GUT
Sie lassen die Enkel mit Fingerfarben an die Tapete.

↗↙

SCHLECHT
Sie überlassen ihnen die nötigen Renovierungsarbeiten.

GUT

Sie laden sie manchmal in ein nettes Lokal ein.

⤴ ⤶

SCHLECHT

Sie lassen sich manchmal von ihnen in ein
nettes Lokal einladen.

GUT

Sie lassen die Enkel beim Backen helfen.

⤴ ⤶

SCHLECHT

Sie lassen sie das Essen kochen, während Sie
die Füße hochlegen.

WAS
ENKEL NUR TUN,
UM SIE ZU ÄRGERN

Sagen, ihre Elten ließen sie vor den Mahlzeiten
Süßigkeiten essen

Drohen mit einem Anruf beim Sorgentelefon
für Kinder, sollten Sie schimpfen

Sich weigern, im Kinderstuhl zu sitzen,
weil sie Höhenangst hätten

Eine Pinkelpause, nachdem Sie gerade erst
auf die Autobahn gefahren sind.

WAS SIE ALS GROSSELTERN
NICHT MEHR
ANZIEHEN SOLLTEN

Die Bikerjacke mit dem Logo der Hells Angels

Miniröcke

Einteilige Schlafanzüge, in denen Sie wie ein Zootier
aussehen – wenigstens nicht beim Einkaufen

Die hautengen Jeans – vorausgesetzt,
die passen Ihnen noch

WAS SIE ALS GROSSELTERN NICHT SAGEN SOLLTEN

Cool, Alter!

✦

LOL

✦

Ich muss mich mal kurz bei meinem
Bewährungshelfer melden.

✦

Nicht so laut! Ich muss meinen Rausch ausschlafen.

KLEINE
ÜBERSETZUNGSHILFE

DIE ENKEL SAGEN:
Ich will nach Hause.

SOLL HEISSEN:
Es macht Spaß, mit Opa
die Parlamentsdebatte auf Phoenix anzuschauen.

DIE ENKEL SAGEN:

Mir ist schlecht.

↗↙

SOLL HEISSEN:

Hoppe-Hoppe-Reiter sollte man
vorm Mittagessen spielen.

DIE ENKEL SAGEN:
Es ist schön bei euch.

↗↙

SOLL HEISSEN:
Zu Hause gibt es nicht so viel Eis,
Schokolade und Kekse.

DIE ENKEL SAGEN:

Zu Hause darf ich das auch.

SOLL HEISSEN:

Meine Eltern drehen durch, wenn sie erfahren,
dass ich das hier darf.

WORAN MAN
ANDERE GROSSELTERN
ERKENNT

Auf dem Spielplatz schauen sie nur zu
und meiden alles,
was mit Bewegung verbunden wäre.

In ihren Silberhaaren
klebt Babybrei.

Es scheint ihnen beinahe Spaß zu machen,
mit Kindern etwas zu unternehmen.

Wenn die Kinder um ein Eis/eine Cola/Süßigkeiten
betteln, wird das Zeug einfach gekauft.

MODERNE KINDERLIEDER FÜR MODERNE GROSSELTERN

Summ, summ, summ,
Bienensterben ist dumm

Ein Männlein lebt auf Halde,
doch nicht allein,
mit andern armen Männlein
schmilzt er Giftmüll ein

Ri-ra-rutsch
Wir fahren mit der Kutsch
Denn Autos sind nun futsch

Backe, backe Kuchen,
das Haschisch musst du suchen

WAS ELTERN VERSTEHEN,
WENN GROSSELTERN
ÜBER DIE ENKEL SPRECHEN

Sie waren artig. =
Wir haben darauf verzichtet,
die Polizei zu rufen.

🐻

Sie wollten ein bisschen Spaß haben. =
Dann mussten wir doch die Polizei rufen.

🐻

Was für eine Energie in Kindern steckt! =
Die Polizei hat eine Bannmeile um unser Haus errichtet.

🐻

Wir hatten ganz schön mit ihnen zu tun. =
Das war's! Von jetzt an haltet uns die Brut vom Hals!

WORAN IHRE ENKEL VIELLEICHT WENIGER INTERESSE HABEN ALS SIE

Besuche von historischen Museen

Die lateinischen Namen der Pflanzen
in Ihrem Garten

Polit-Talkshows

CDs mit den Hits Ihrer Jugend

WAS IHREN EIGENEN GROSSELTERN ERSPART BLIEB

Eine Fahrt in einer Achterbahn
mit fünf Loopings

Das Herunterladen eines Computerprogramms,
mit dem Sie sich die Urlaubsfotos der Enkel ansehen können

Die Enkel zu warnen, dass ihr Mittagessen
möglicherweise Bestandteile von Nüssen enthält

Unverschämt teure Schulfotos
der Enkel zu kaufen

WIE
ANDERE GROSSELTERN
SIE ÜBERTRUMPFEN WOLLEN

SIE

gehen mit den Enkeln zum Weihnachtsmann
im nächsten Kaufhaus.

DIE ANDEREN

fliegen mit ihren Enkeln nach Grönland, damit sie den
Weihnachtsmann »zu Hause« besuchen können.

SIE
spielen mit den Enkeln im Park.

↗↙

DIE ANDEREN
fliegen mit ihnen ins Disneyland nach Florida.

SIE

bauen ihnen ein Zelt im Garten auf.

ↂↄ

DIE ANDEREN

bezahlen ihnen ein Wochenende im Survival Camp.

DINGE, VON DENEN SIE DACHTEN, DASS SIE SIE NIE WIEDER TUN WÜRDEN

Windeln wechseln– und das mehrfach täglich!

❧

Darauf bestehen zu müssen, dass die Enkel ihren Salat
essen – obwohl Sie keine Ahnung haben,
was Rucola oder Queller sind

❧

Beim Vorlesen von Gute Nacht Geschichten festzustellen,
dass Pu der Bär keinen Tag älter geworden ist

❧

»Zeigt her eure Füßchen« zu spielen,
obwohl Sie Ihre eigenen schon seit Jahren
nicht mehr sehen können.

WANN SIE
NEIN
SAGEN KÖNNEN

AKZEPTABEL
Die Enkel hüten, wenn Mama und Papa
einmal essen gehen möchten

INAKZEPTABEL
Die Enkel hüten, wenn Mama und Papa sich
zwei Wochen Seychellen gönnen wollen

AKZEPTABEL
Die Enkel gelegentlich von der Schule abholen

↗↙

INAKZEPTABEL
Mit Lehrern und Hausmeister per Du sein
und für die Eltern gehalten werden

AKZEPTABEL
Hier und da mal eine Finanzspritze geben

↗↙

INAKZEPTABEL
Den Enkeln eine Privatschule UND
das Studium bezahlen

AKZEPTABEL
Die Enkel zu Kakao und Kuchen einladen

⤴⤶

INAKZEPTABEL
Ihre Geburtstagsparty mit vierzig Gästen schmeißen

DINGE, DIE SIE DEMNÄCHST WIEDER IM HAUS HABEN MÜSSEN

Einen Kinderstuhl

♟

Ein Töpfchen

♟

Tabletten gegen Bluthochdruck

♟

Jede Menge zerbrochenen Nippes

WAS TUN,
WENN IHNEN
ALLES ZU VIEL WIRD?

Täuschen Sie einen vorübergehenden Gedächtnisverlust
vor und tauchen für ein paar Tage unter.

Erfinden Sie eine seltene Krankheit,
deren hervorstechendes Merkmal
eine Kinderallergie ist.

Sagen Sie, Ihre Stammbaumforschung
hat ergeben, dass Sie gar kein Verwandter sind.

Stellen Sie ein Kindermädchen ein.

WEISE WORTE,
DIE SIE AN
DIE ELTERN RICHTEN

Also, früher haben wir das anders gemacht!

Das ist bestimmt nur eine Phase.

Genießt es, solange ihr könnt!
Sie sind so schnell aus dem Haus.

Ich will dir ja keine Vorschriften machen, aber …

WAS SIE TUN
BEZIEHUNGSWEISE
LASSEN SOLLTEN

TUN
Mit den Enkeln spielen

↗↙

LASSEN
Ihnen dreidimensionales Schach beibringen

TUN
Ein Küsschen auf die Stelle, wo sie sich gestoßen haben

↗ ↙

LASSEN
In die Notaufnahme rasen, wenn sie hingefallen sind

TUN
Ihnen ab und zu etwas Süßes geben

↗↙

LASSEN
Sie überzuckern, bis sie abheben

TUN

In ihre Fantasiewelt eintauchen

↗↙

LASSEN

Ihre Fantasiewelt für real halten

GROSSELTERN HABEN ES LEICHTER ALS ELTERN

Sie können durchschlafen
(es sei denn, die lieben Kleinen
übernachten bei Ihnen).

✦

Wenn die Enkel groß sind, werden sie ihren Eltern
für alles die Schuld geben – nicht Ihnen.

✦

Sie können sich immer mit Ihrem Alter herausreden.

✦

Die Enkel sind meist bei ihren Eltern.

WAS SIE
JETZT GENIESSEN
KÖNNEN

Das wunderbare neue Kinderfernsehen

Etwas von den Süßigkeiten, Chips und
Geburtstagstorten der lieben Kleinen

Spiele wie Schnick-schnack-schnuck, Schwarzer Peter
und Blindekuh

Grenzenlose Bewunderung

WAS
NICHT SO PRICKELND
IST

»Großeltern« lässt einen so alt klingen,
finden Sie nicht?

🐻

Gerade als Sie sich an Ihr neues,
friedliches Leben gewöhnt hatten …

🐻

In zwanzig Jahren sind Sie vielleicht
Urgroßeltern. Wie gruselig ist das denn?

🐻

Ihr schönes, sauberes, gepflegtes Haus
wird zur Müllhalde. Jedes Mal.

WAS SIE SONST
NOCH IM HAUS HABEN
MÜSSEN

Eine große, prall gefüllte Keksdose

&

Eine großes, prall gefülltes Glas Bonbons

&

Eine Verkleidungskiste mit
alten Klamotten und Schmuck

&

Etwas, das beim Kaputtmachen viel Krach macht

SIE SIND IN
BESTER GESELLSCHAFT

Sir Paul McCartney ist seit 1999 Großvater.

Goldie Hawn – Großmutter seit 2004.

Sir Mick Jagger – Großvater seit 1992

Tina Turner – Großmutter seit 1985

Nena – Großmutter seit 2009

Jane Fonda – Großmutter seit 1999

KATEGORIEN DER FREIWILLIGEN SELBSTKONTROLLE (FSK) FÜR FILME

FSK ab 0 bedeutet: keine Altersbeschränkung

❦

PG bedeutet: ab 12
(oder 6, wenn die Eltern mitschauen)

❦

FSK ab 12 bedeutet: Vorsicht!
Die Sprache könnte Sie schockieren.

❦

FSK ab 16 bedeutet: mehr Sex, Gewalt und Fäkalsprache,
als Sie je gehört oder gesehen haben

IM KINO

Nehmen Sie immer einen Platz am Gang,
damit Sie schnell auf die Toilette können
(hier geht es um Sie – nicht ums Kind)!

Popcorn gibt es in drei Größen:
giga, unbewältigbar und verschreibungspflichtig.

Dasselbe gilt für Limos
(deswegen brauchen Sie einen Platz am Gang).

Mit einer 3D-Brille können Sie unauffällig
ein Nickerchen machen.

THEMENPARKS

Es gibt zwei Sorten:
sauteuer und unbezahlbar.

Meiden Sie Fahrgeschäfte mit Namensbestandteilen wie
»Todes«, »extrem« oder »Schocker« sowie dem Hinweis:
»Benutzung auf eigene Gefahr«.

Nehmen Sie Verpflegung mit, wenn Sie nicht Ihre halbe
Monatsrente/Ihren halben Monatslohn für Burger,
Pommes und Cola ausgeben wollen.

Sie können Vorzugskarten kaufen –
eine Art legalisiertes Vordrängeln.

MACHEN SIE ES WIE IHRE EIGENEN GROSSELTERN

Sorgen Sie dafür, dass Sie nach Lavendel
oder Pfeifentabak riechen.

&

Ihre Haare sollten weiß –
oder nicht mehr vorhanden – sein.

&

Wenigstens eins Ihrer Körperteile sollte
»nicht mehr so recht wollen«.

&

Seien Sie vollkommen überfordert mit allen modernen
Geräten (das sollte Ihnen leichtfallen).

WIE MAN ENKEL KOSTENGÜNSTIG BESPASSEN KANN

Erzählen Sie ihnen,
wie schlecht sich ihre Eltern
als Kinder benommen haben.

🐻

Bieten Sie demjenigen eine kleine Summe,
der am längsten still sein kann.

🐻

Backen Sie mit ihnen
(aber kalkulieren Sie beträchtliche
Reinigungskosten ein).

🐻

Endlos Bus fahren, falls Sie
schon eine Seniorenkarte besitzen.

WAS ENKEL
VON IHREN GROSSELTERN
ERWARTEN

Informationen aus erster Hand über
»die gute alte Zeit«, also alles zwischen
Karl dem Großen und der Mondlandung

♦

Süßigkeiten nonstop

♦

Dass Sie nicht petzen,
was die Kleinen hinter dem Rücken
ihrer Eltern getan haben.

♦

Schlüpfrige Witze, Kartentricks und
Zauberstückchen mit Streichhölzern und Münzen.

WAS SIE
NICHT VON
IHNEN ERWARTEN

Sie wissen, dass Sie für nichts zu gebrauchen sind,
wenn man sich bücken oder
auf dem Boden wälzen muss.

Sie verzichten auf Ihren Rat, was die Bedienung
ihres Smartphones/iPods/iPads betrifft.

Bei den Mathehausaufgaben lassen sie Sie
nicht helfen, weil sie wissen, dass Sie
»die alten Rechenmethoden« bevorzugen.

Sie wollen von Ihnen nicht
»wie von Vati« in die Luft geworfen werden.

WORAN IHRE GÄSTE ERKENNEN,DASS SIE GROSSELTERN SIND

Schulfotos auf dem Kaminsims

Essensflecken auf dem Teppich

Legosteine in den Sofaritzen

Winzige Fingerabdrücke auf der Tapete

Großflächige Filzstrift-Kritzeleien an den Wänden

WAS SIE
WIEDER LERNEN
MÜSSEN

Papierflieger falten

Das Galgenspiel

Kastanienmännchen basteln

Unendlich viel Geduld haben

IM ZOO

Vorsicht! Heutzutage übernehmen Sie dabei oft
ungewollt die Patenschaft für einen Orang-Utan oder
ein Zwergnilpferd.

Viele Zoos haben heutzutage Spielplätze
mit sündhaft teuren Fahrgeschäften.

Es gibt sogar schon Zoos, die eigentlich
Themenparks sind und nebenbei
ein paar Alibi-Tiere halten.

Am Ausgang eines Zoos befindet sich ein Souvenirladen,
in dem Sie die letzten müden Kröten lassen,
die Ihnen noch geblieben waren.

ALLERGIEN BEI KINDERN –
ECHTE UND ANGEBLICHE

ECHT
Nüsse

↗↙

ANGEBLICH
Salat und Gemüse

ECHT

Milch

↗↙

ANGEBLICH

Händewaschen

ECHT

Eier

↗↙

ANGEBLICH

Fünf Minuten stillsitzen

WIE MIT DEN ENKELN
IN DER ÖFFENTLICHKEIT
UMGEHEN?

Wenn Sie Ihre Enkel gelegentlich
zur Schule bringen oder dort abholen,
beachten Sie das Folgende:

Ab einem gewissen Alter verabscheuen Kinder
die öffentliche Zurschaustellung von Zuneigung –
vor allem vor ihren Kumpeln und insbesondere
feuchte Küsse.

Versuchen Sie gar nicht erst, im Wettbewerb der
Vorzeigemütter um das neueste Make-up und die
neueste Mode mitzuhalten. Zum Glück wird das
von Großeltern nicht erwartet.

Falls Sie noch Ihren verbeulten alten Golf fahren,
parken Sie ihn um die Ecke,
um Ihrem Enkel die Peinlichkeit zu ersparen.

Meiden Sie Gespräche über Ferienpläne.
Mit Camping in Scharbeutz punkten Sie heute nicht mehr.

VERWÖHNEN
SIE IHRE ENKEL
ZU SEHR?

Bei Disneyland Paris bekommen Sie
den Rabatt für Stammkunden.

❦

Auf den Windeln prangen Designer-Etiketten.

❦

Die Zahnfee bringt Schecks.

❦

Das Töpfchen hat eine eingebaute Wasserspülung.

❦

Sollte eins davon zutreffen,
lautet die Antwort: Ja!

BÖSE FALLEN

Wenn Sie erst spät Kinder bekommen haben,
werden Sie vielleicht erst mit 85 Großeltern.

»Übernachten bei Oma und Opa« bedeutet für Enkel:
Rambazamba die ganze Nacht!

Nicht abzumachen, wann die Enkel wieder abgeholt werden,
kann ein verheerender Fehler sein.

WAS SICH ENKEL NICHT ZU WEIHNACHTEN WÜNSCHEN

Alles, was mit Bildung zu tun hat

🐻

»Vernünftige« Klamotten

🐻

Klavierstunden

🐻

CDs, die von den Großeltern ausgewählt werden

WAS SIE DEN ENKELN
AUS SICHT DER ELTERN
NICHT SCHENKEN SOLLEN

Alles, was Lärm macht

Alles, was mit mindestens einem halben Dutzend
Batterien betrieben wird

Ein Modellflugzeug/-schiff, das Vati an Weihnachten
stundenlang zusammenfrickeln muss

Großpackungen Süßkram, der die Enkel
tagelang hyperaktiv macht

WAS SIE
GENIESSEN SOLLTEN

Das Schmusen. Lange lassen die Enkel
das nicht mit sich machen.

Ihr inneres Kind wiederzufinden, wenn Sie mit den Enkeln
herumalbern oder Kinderbücher vorlesen

Dass Sie jetzt viel mehr Süßigkeiten essen,
»weil sie nun mal im Haus sind«.

Ihren Nimbus als Alleswisser und -könner.
Früh genug kommen die Blagen dahinter,
was wirklich Sache ist.

WAS ELTERN NICHT HÖREN WOLLEN

Früher hatten wir es viel schwerer …

Im Übrigen rate ich dir …

Ist dir eigentlich klar, was dich ein
richtiger Babysitter kosten würde?

Wenn du ihn jetzt schon schwierig findest,
warte ab, bis er ein Teenager ist!

WAS DIE ENKEL
ÜBER DICH
WISSEN

Sie sind uralt (auch wenn Sie glauben,
in der Blüte Ihres Lebens zu stehen).

🎈

Regeln von zu Hause gelten bei Ihnen nicht.

🎈

Bei Ihnen ist es zu sauber und ordentlich.
Dagegen muss schnellstens etwas unternommen werden.

🎈

Ihrer Neigung, häufig einzunicken,
muss man mit extremem Lärm und/oder Herumhopsen
auf Ihrem Bauch begegnen.

STIMMT WAS NICHT?

Wenn Ihre Enkel sagen, Sie seien die besten Großeltern
der Welt, müssen Sie bedenken, dass sie die
wenigsten der anderen zwei Milliarden Großeltern
unseres Planeten kennen.

&

Wenn sie Ihnen einen Witz erzählen, erwarten Sie besser
keinerlei Sinn und Verstand darin.

&

Wenn die Enkel Ihnen etwas Selbstgemachtes
schenken wollen, erwarten Sie bitte nicht, dass ihr
Nachbau von Neuschwanstein auch nur annähernd
wie Neuschwanstein aussieht oder es sich um eine
selbst gestrickte warme Decke handelt.

&

Wenn sie Ihnen einen selbst gebackenen Kuchen
mitbringen, wundern Sie sich nicht, wenn etwas Wichtiges
fehlt, wie etwa Zucker – oder der Kuchen als solcher.

WORAUF SIE SICH FREUEN KÖNNEN

Die Zeit, wenn die Enkel aus dem Schmieralter
raus sind und es bei Ihnen nicht mehr aussieht,
als sei eine Backstube explodiert oder als hätte Jackson
Pollock einen kreativen Anfall gehabt.

Dass es ein Leben nach dem Job als
unbezahlter Babysitter gibt.

Wenn die Enkel groß genug sind, um Ihnen zur Hand
zu gehen und den Rasen zu mähen.

Die erste Einladung zum Essen auf ihre Kosten.